AF219173

Impressum
Verlag: BABADADA GmbH, Nedderfeld 112 , 22529 Hamburg
Geschäftsführer / Verlagsleitung: Harald Hof
Druck: Books on Demand GmbH, In de Tarpen 42, 22848 Norderstedt

Imprint
Publisher: BABADADA GmbH, Nedderfeld 112 , 22529 Hamburg, Germany
Managing Director / Publishing direction: Harald Hof
Print: Books on Demand GmbH, In de Tarpen 42, 22848 Norderstedt

baba
school

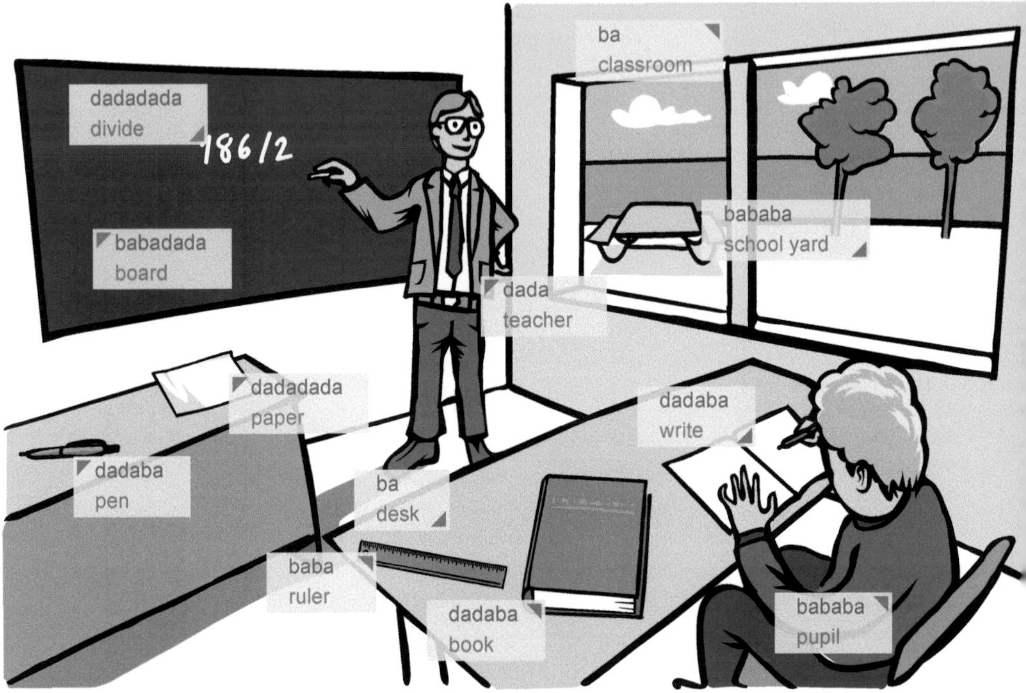

ba
classroom
dadadada
divide
186/2
bababa
school yard
babadada
board
dada
teacher
dadadada
paper
dadaba
write
dadaba
pen
ba
desk
baba
ruler
dadaba
book
bababa
pupil

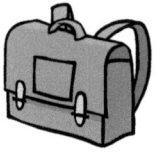

dadaba

satchel

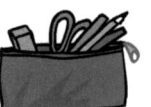

dada

pencil case

bababa

pencil

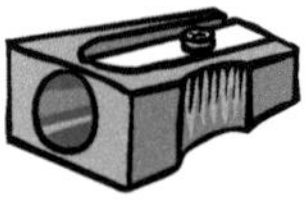

dadaba

pencil sharpener

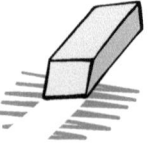

baba

rubber

ba

drawing pad

bababa

drawing

ba

paintbrush

dada

paint box

babadada

scissors

dadaba

glue

dadadada

exercise book

babadada

homework

bababa

number

dadaba

add

bababa

subtract

badada

multiply

dadababa

calculate

babababa

letter

babababa

alphabet

dada

word

babadada

text

dadadada

read

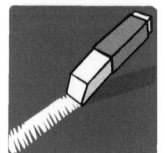

dada

chalk

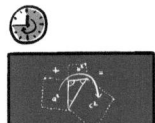

bababab

lesson

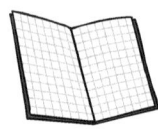

ba

register

baba

exam

bababab

certificate

babadada

school uniform

bababab

education

dadababa

encyclopedia

bababab

university

dadababa

microscope

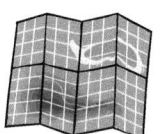

bababa

map

babadada

waste-paper basket

baba
travel

babadada
hotel
Grand
dadaba
hostel
ROOMS
dadadada
bureau de change
EXCHANGE
dada
suitcase
ado
car

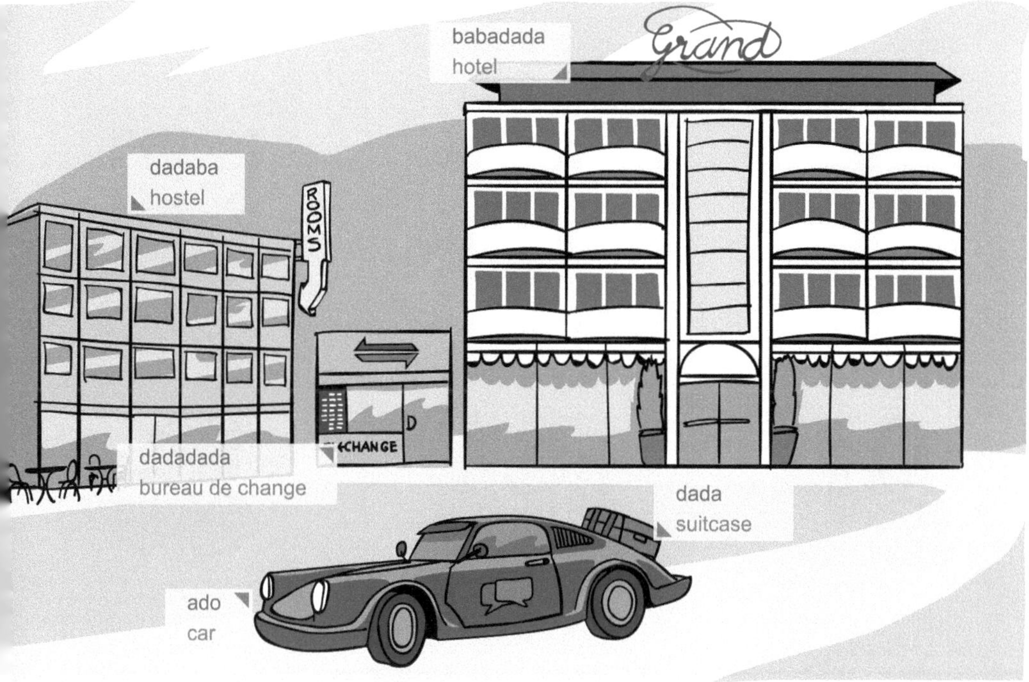

dadadada

language

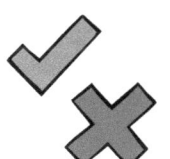

da / meh

yes / no

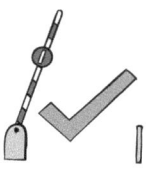

Oh

Okay

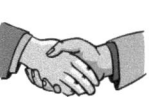

ba

hello

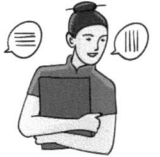

dada

translator

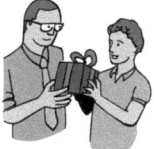

dada

Thank you

babababa

how much is…?

ah

I do not understand

dadaba

problem

ba dada

Good evening!

babadada

Good morning!

heia!

Good night!

dadaba

bye bye

badada

direction

dada

luggage

babababa

bag

babababa

backpack

baba

guest

dadadada

room

dadadada

sleeping bag

dada

tent

dadadada

tourist information

badada

beach

babadada

credit card

dadababa

breakfast

baba

lunch

bababa

dinner

dada

ticket

dada

lift

babadada

stamp

badada

border

dadaba

customs

babadada

embassy

dadaba

visa

dada da da da

passport

dadadada
transport

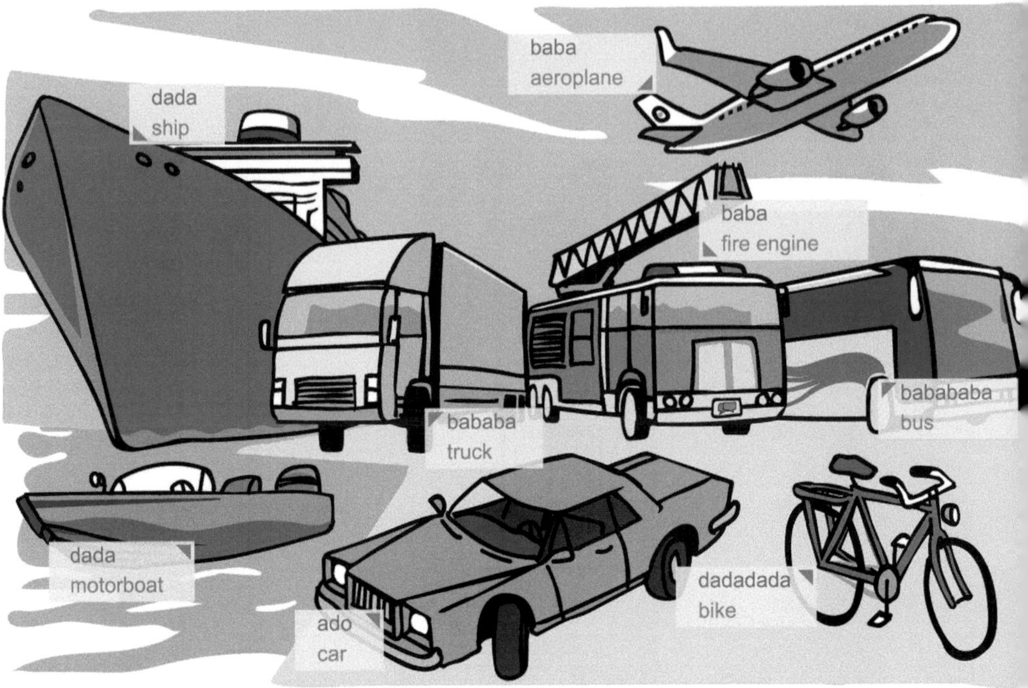

baba
aeroplane
dada
ship
baba
fire engine
bababa
truck
babababa
bus
dada
motorboat
ado
car
dadadada
bike

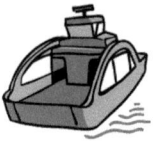

babadada

ferry

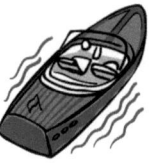

baba

boat

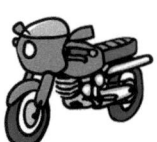

bababa

motorbike

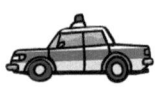

ado

police car

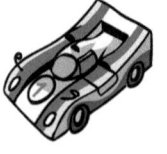

ado

racing car

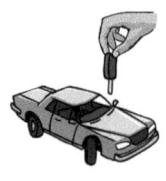

auto

rental car

dada

car sharing

ado

breakdown truck

ado

refuse truck

brumbrum!

motor

bababa

fuel

dada

petrol station

dadaba

traffic sign

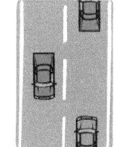

badada

traffic

ado ado

traffic jam

babadada

car park

babababa

train station

dada

tracks

dadaba

train

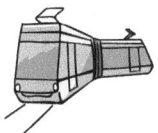

baba

tram

dadaba

carriage

baba

helicopter

baba

airport

dadaba

tower

baba

passenger

badada

container

dada

carton

baba

cart

dadadada

basket

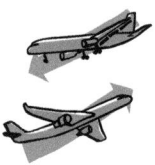

da / bada

take off / land

dadaba

city

bababa

village

dadababa

city centre

dadaba

house

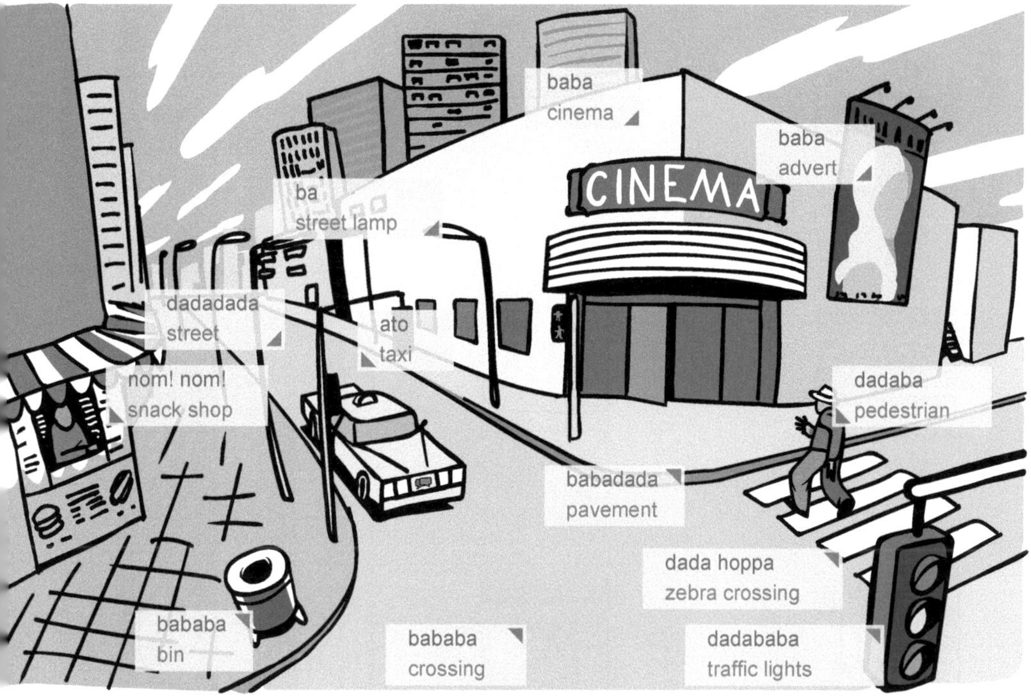

babadada
....
hut

dadadada
....
flat

babababa
....
train station

dadaba
....
town hall

bababa
....
museum

baba
....
school

babab
university

dadadada
bank

aua!
hospital

babadada
hotel

aua!
pharmacy

baba
office

bababa
book shop

ba
shop

dadaba
florist's

dada nom nom
supermarket

dadadada
market

dadadada
department store

nom! nom!
fishmonger's

baba
shopping centre

ba
harbour

dadadada

park

baba

bench

babababa

bridge

dadadada

stairs

bababa

underground

baba

tunnel

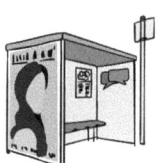

ba

bus stop

babababa

bar

nom nom!

restaurant

dadaba

postbox

dada

street sign

baba

parking meter

bababa

zoo

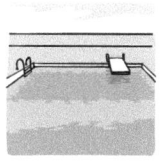

dada

swimming pool

baba

mosque

dadaba
....
farm

dadababa
....
pollution

bababa
....
graveyard

ba
....
church

dadababa
....
playground

bababa
....
temple

dada

landscape

baba
leaf

baba
signpost

dada
way

bababa
meadow

baba
stone

dadababa
tree

dada
hiker

bababa
river

dada
grass

mama!
flower

badada

valley

bababa

hill

dadadada

lake

dadadada

forest

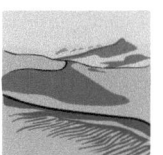

dadababa

desert

dadaba

volcano

babababa

castle

dadaba

rainbow

bababa

mushroom

dadababa

palm tree

aua!

mosquito

badada

fly

dadababa

ant

summ summ

bee

dada

spider

dadaba

beetle

quak

frog

dadababa

squirrel

dadaba

hedgehog

baba

hare

gackgack

owl

gackgack

bird

gackgack

swan

babadada

boar

dadadada

deer

dadadada

moose

dadadada

dam

ba

wind turbine

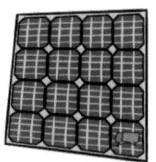

dadadada

solar panel

bababa

climate

dadadada
waiter

baba
menu

dadaba
chair

nom! nom!
soup

nom nom!
pizza

ba
cutlery

babababa
tablecloth

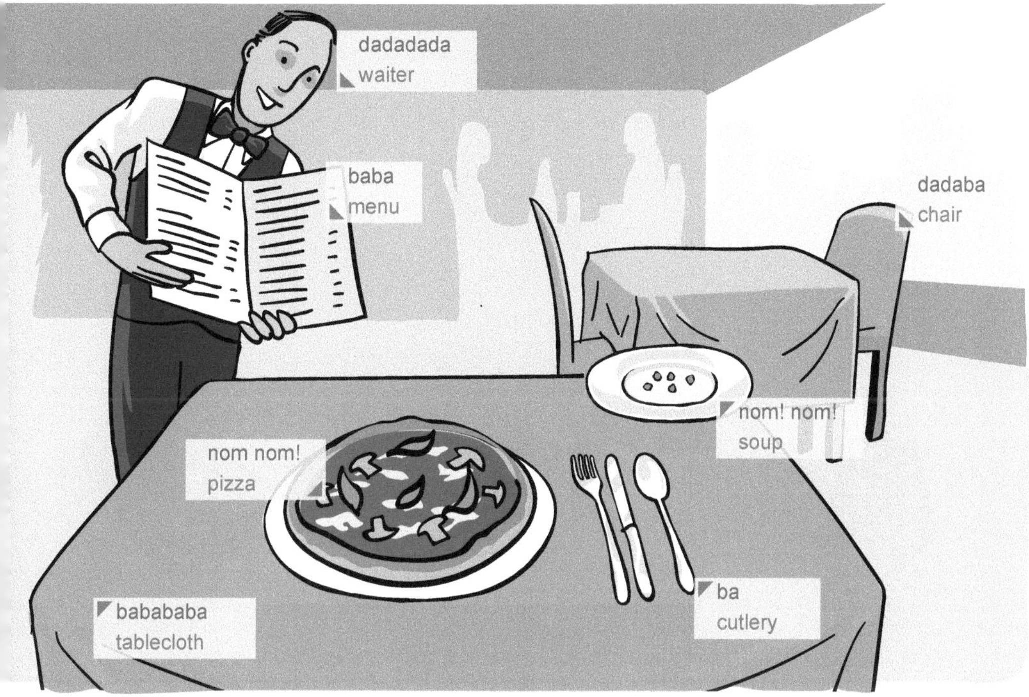

nom! nom!
....
starter

nom! nom!
....
main course

nom nom!
....
dessert

dadababa
....
drinks

nom nom!
....
food

nom nom!
....
bottle

nom! nom!

fast food

nom! nom!

street food

babababa

teapot

nom! nom!

sugar bowl

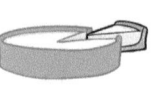

nom nom!

portion

dadaba

espresso machine

bababa

high chair

ba

bill

bababa

tray

ba

knife

babadada

fork

dadaba

spoon

bababa

teaspoon

dadaba

serviette

ba

glass

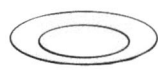

nom nom!

plate

bababa

soup plate

bababa

saucer

nom! nom!

sauce

dadadada

salt pot

dadaba

pepper mill

bähbäh

vinegar

dadababa

oil

dadababa

spices

nom! nom!

ketchup

nom! nom!

mustard

nom nom!

mayonnaise

dada nom nom

supermarket

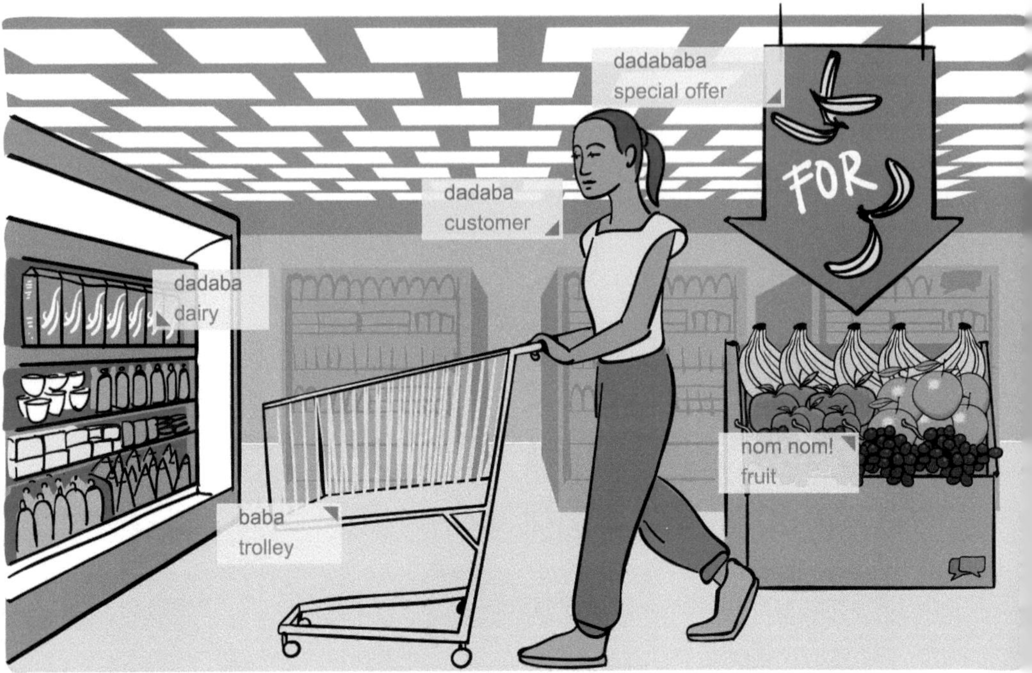

dadababa
special offer
FOR
dadaba
customer
dadaba
dairy
nom nom!
fruit
baba
trolley

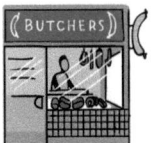

BUTCHERS

dadaba
butcher´s

BAKERY

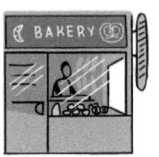

nom! nom!
baker´s

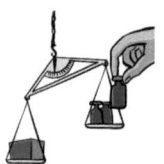

bababa
weigh

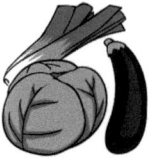

bähbäh
vegetables

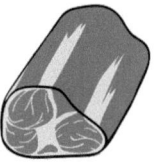

nom nom!
meat

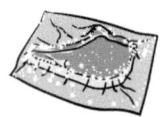

nomnom
frozen food

nom nom!
....
cold meat

nomnom
....
tinned food

bababa
....
washing powder

baba
....
sweets

dadaba
....
household products

dadababa
....
cleaning products

bababa
....
salesperson

bababa
....
till

dadaba
....
cashier

dada
....
shopping list

dadababa
....
opening hours

baba
....
wallet

babadada
....
credit card

dadababa
....
bag

dadababa
....
plastic bag

wasa

water

dadadada

juice

badada

milk

ba

coke

bababa

wine

dadadada

beer

dadaba

alcohol

bababa

cocoa

dadababa

tea

dada

coffee

dadaba

espresso

dadababa

cappuccino

nane
....
banana

nom nom!
....
apple

bababa
....
orange

nom nom!
....
melon

nom nom!
....
lemon

bähbäh
....
carrot

bada meh
....
garlic

dadaba
....
bamboo

dadaba
....
onion

nom nom!
....
mushroom

nom nom!
....
nuts

nom nom!
....
noodles

nom nom!

spaghetti

nom nom!

rice

nom nom!

salad

nom nom!

chips

nom nom!

fried potatoes

nom nom!

pizza

nom nom!

hamburger

nom nom!

sandwich

nom nom!

cutlet

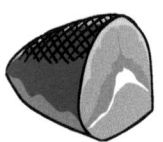

nom nom!

ham

nom nom!

salami

nom nom!

sausage

gack gack

chicken

nom nom!

roast

nom nom!

fish

nom nom!

porridge oats

bähbäh

muesli

nom nom!

cornflakes

nom nom!

flour

nom nom!

croissant

babadada

bread roll

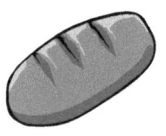

nom! nom!

bread

nom nom!

toast

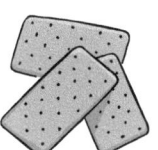

nom nom!

biscuits

nom nom!

butter

nom nom!

curd

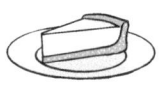

nom nom

cake

dadaba

egg

nom nom!

fried egg

bada muh

cheese

nom nom!

ice cream

nom nom!

sugar

baba summ

honey

nom nom!

jam

nom nom!

chocolate spread

babadada

curry

nom nom! - food

dadaba
farm

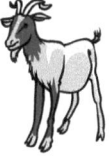

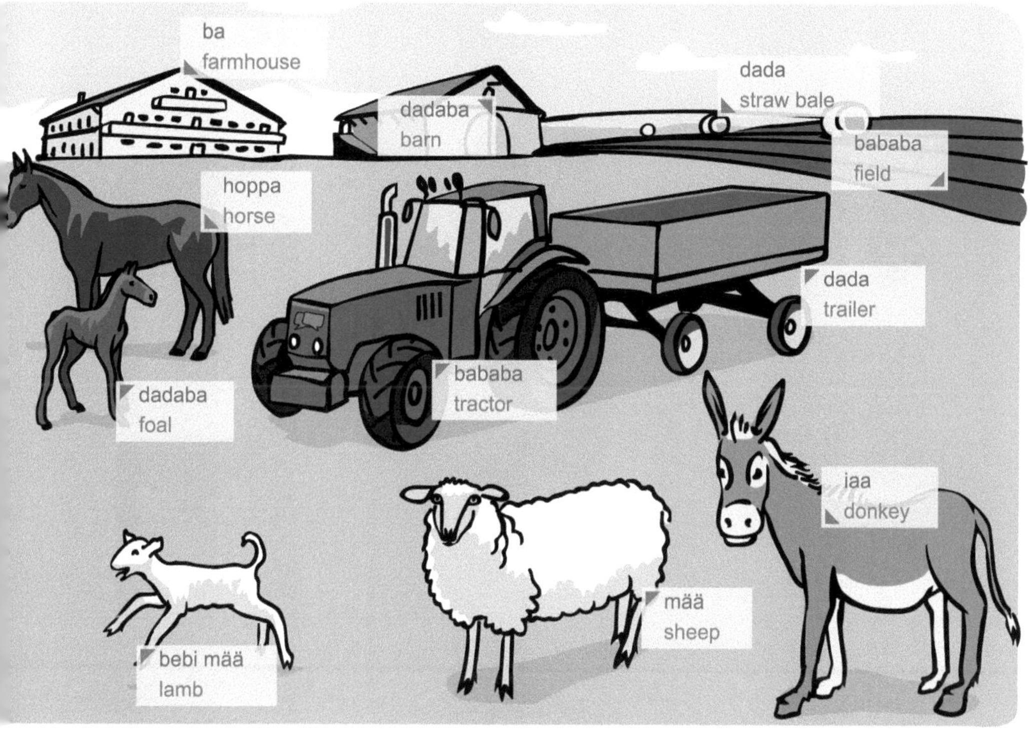
ba
farmhouse
dadaba
barn
dada
straw bale
bababa
field
hoppa
horse
dada
trailer
dadaba
foal
bababa
tractor
iaa
donkey
mää
sheep
bebi mää
lamb

baba

goat

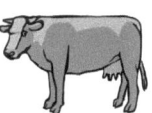

muh

cow

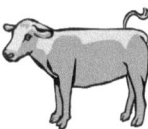

mimuh

calf

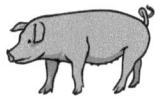

mama oink

pig

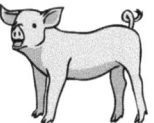

oink

piglet

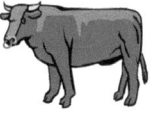

dadadada

bull

gackgack

goose

gackquack

duck

gacki

chick

gackgack

hen

gacko

cock

dada

rat

mau

cat

bababa

mouse

muh

ox

wauwau

dog

wauwau

doghouse

baba

garden hose

dadababa

watering can

baba

scythe

dadababa

plough

baba

sickle

dadadada

hoe

dada

pitchfork

bababa

axe

babababa

wheelbarrow

baba

trough

dada muh

milk can

dadababa

sack

badada

fence

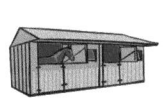

dadadada

stable

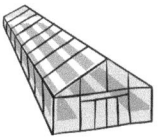

ba

greenhouse

babadada

soil

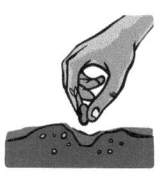

baba

seed

baba

fertilizer

dadababa

combine harvester

bababa

harvest

dadadada

harvest

dadaba

yams

dadababa

wheat

dadababa

soy

bababa

potato

badada

corn

bababa

rapeseed

bababa

fruit tree

dadadada

cassava

dadababa

cereals

dadaba
house

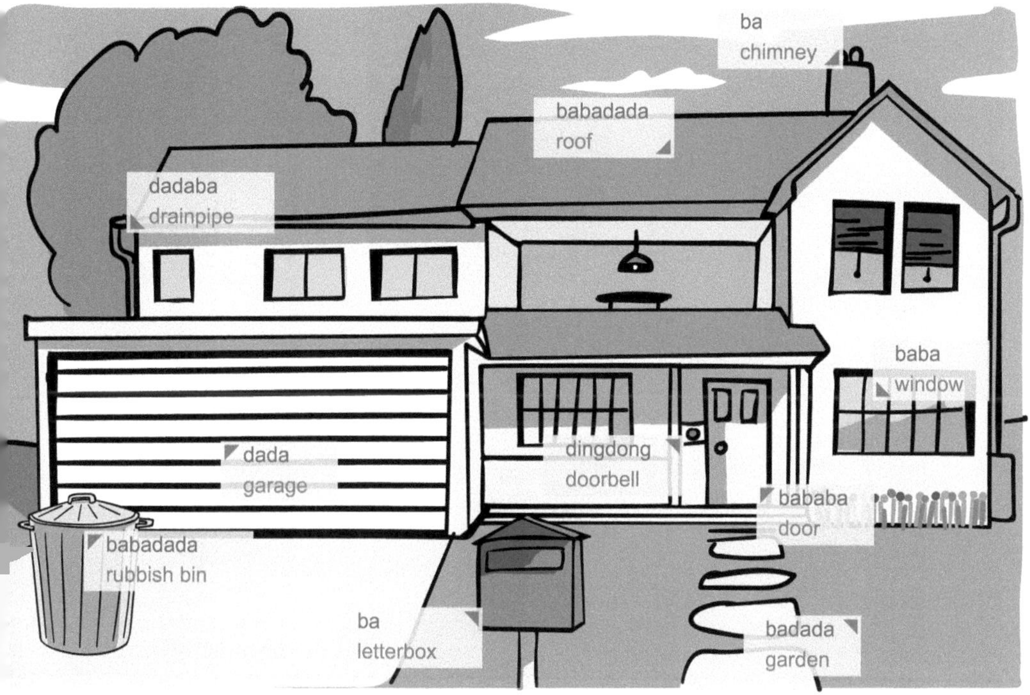
ba
chimney
babadada
roof
dadaba
drainpipe
baba
window
dada
garage
dingdong
doorbell
bababa
door
babadada
rubbish bin
ba
letterbox
badada
garden

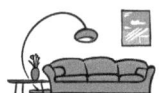

dadadada

living room

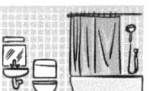

bababa

bathroom

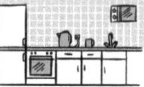

bababa

kitchen

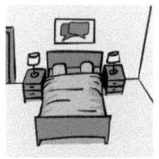

dadababa

bedroom

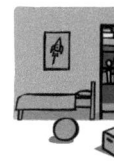

meina

child's room

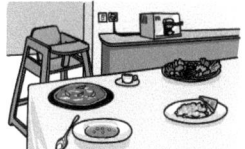

dadaba

dining room

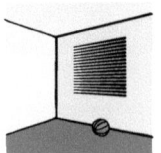

badada

floor

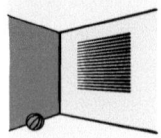

dadababa

wall

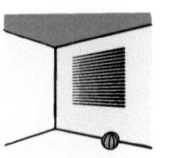

bababa

ceiling

dada

cellar

dadababa

sauna

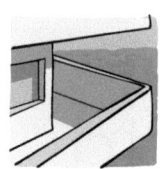

babababa

balcony

dadadada

terrace

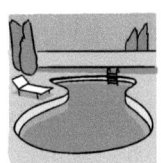

bababa

pool

baba

lawn mower

dadaba

sheet

babadada

bedspread

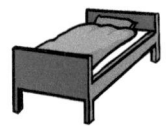

heia!

bed

dada

broom

dadaba

bucket

dadababa

switch

dadadada

living room

dadadada
wallpaper
badada
picture
badada
lamp
dadadada
shelf
ba
cupboard
dada gucki
television
dadababa
fireplace
mama!
flower
baba
cushion
dada
sofa
dadaba
vase
baba
remote control

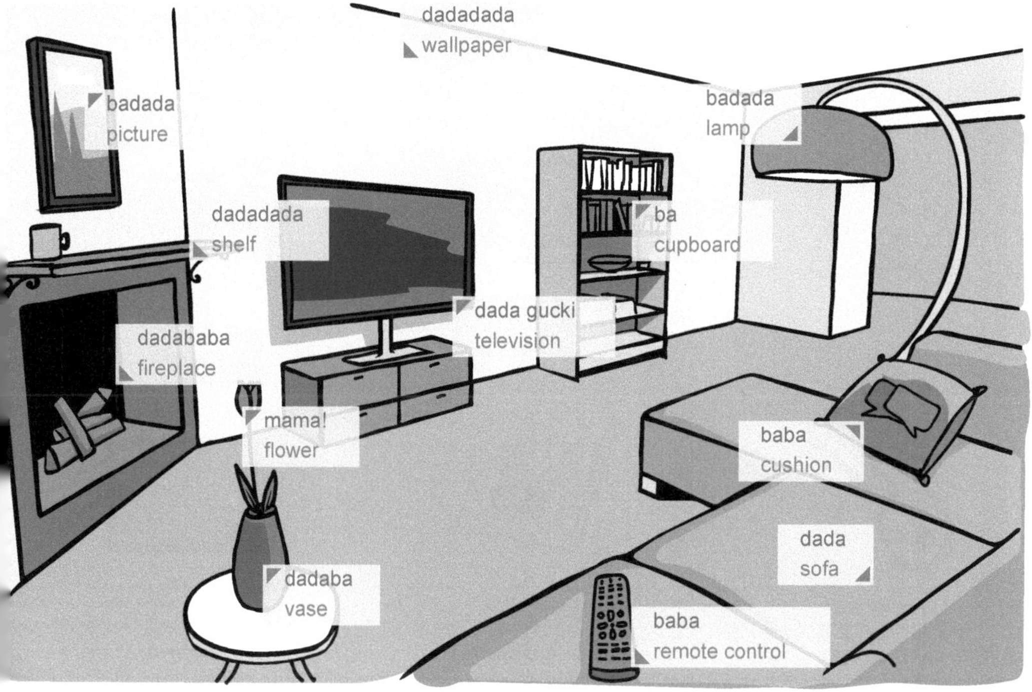

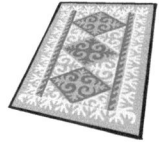

dada

carpet

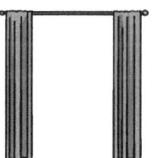

bababa

curtain

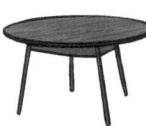

ba

table

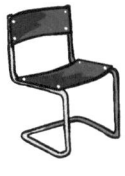

dadaba

chair

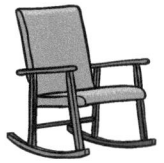

dadadada

rocking chair

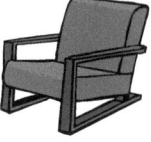

bababa

armchair

dadaba

book

dadadada

blanket

dadaba

decoration

ba

firewood

dadadada

film

lala

hi-fi equipment

babadada

key

dadadada

newspaper

dadadada

painting

bababa

poster

lala

radio

dadababa

notepad

babadada

hoover

aua!

cactus

babadada

candle

bababa
kitchen

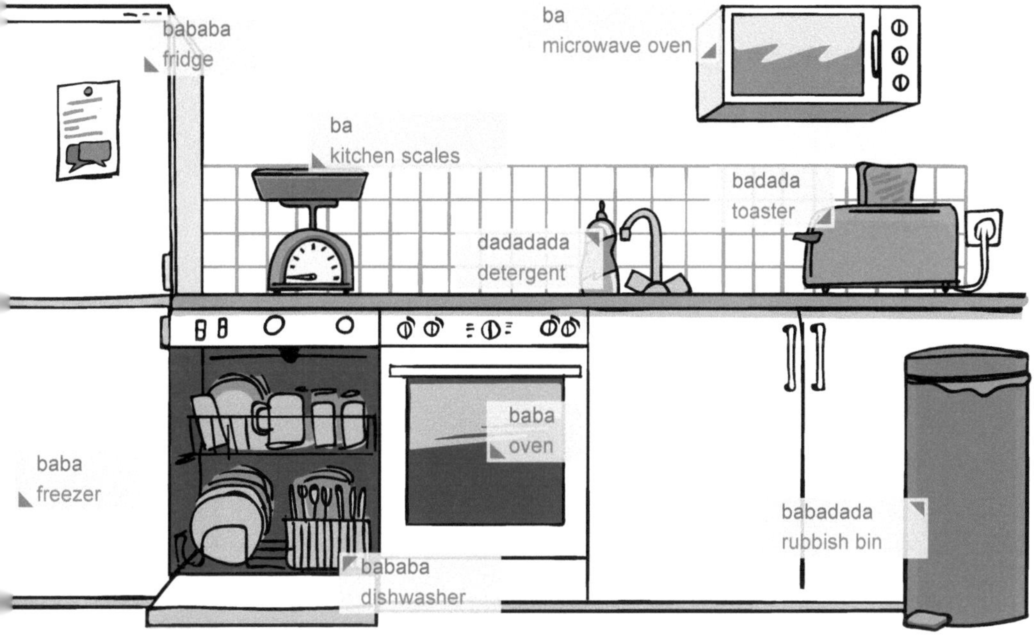
bababa
fridge
ba
microwave oven
ba
kitchen scales
badada
toaster
dadadada
detergent
baba
oven
baba
freezer
babadada
rubbish bin
bababa
dishwasher

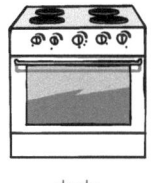

dada

cooker

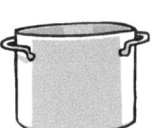

dada

pot

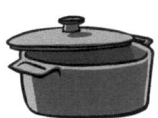

dada

cast-iron pot

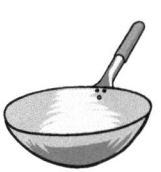

baba / dada

wok / kadai

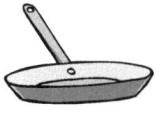

badada

pan

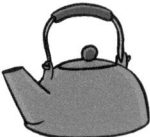

ba

kettle

dadababa

steamer

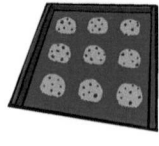

bababa

baking tray

dadaba

crockery

dadadada

mug

dadaba

bowl

baba

chopsticks

dadaba

ladle

dadadada

spatula

badada

whisk

dada

strainer

bababa

sieve

baba

grater

dadababa

mortar

dada

barbecue

aua!

open fire

dadababa

chopping board

babababa

rolling pin

dadababa

corkscrew

dadadada

can

bababa

can opener

dadababa

pot holder

dadadada

sink

dadababa

brush

ba

sponge

aua!

blender

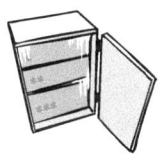

babadada

deep freezer

bababa

baby bottle

dadadada

tap

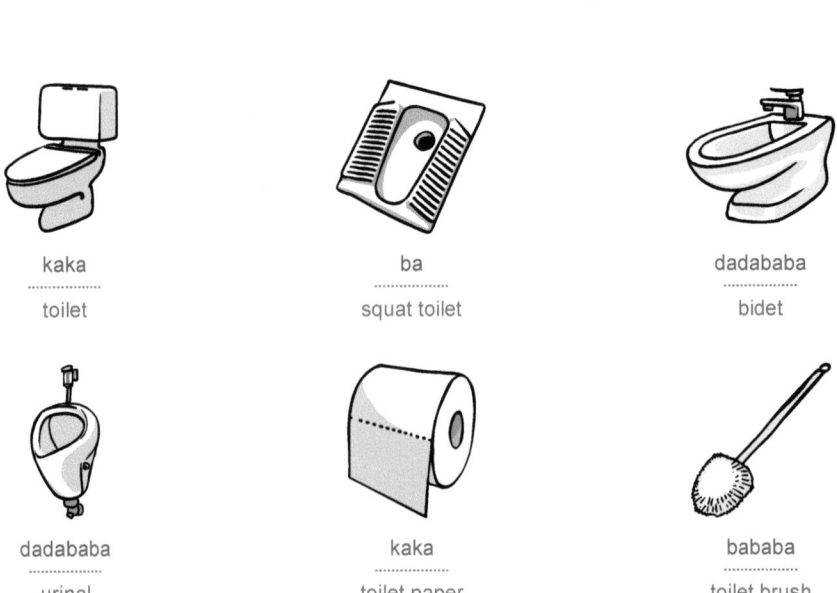

bababa

bathroom

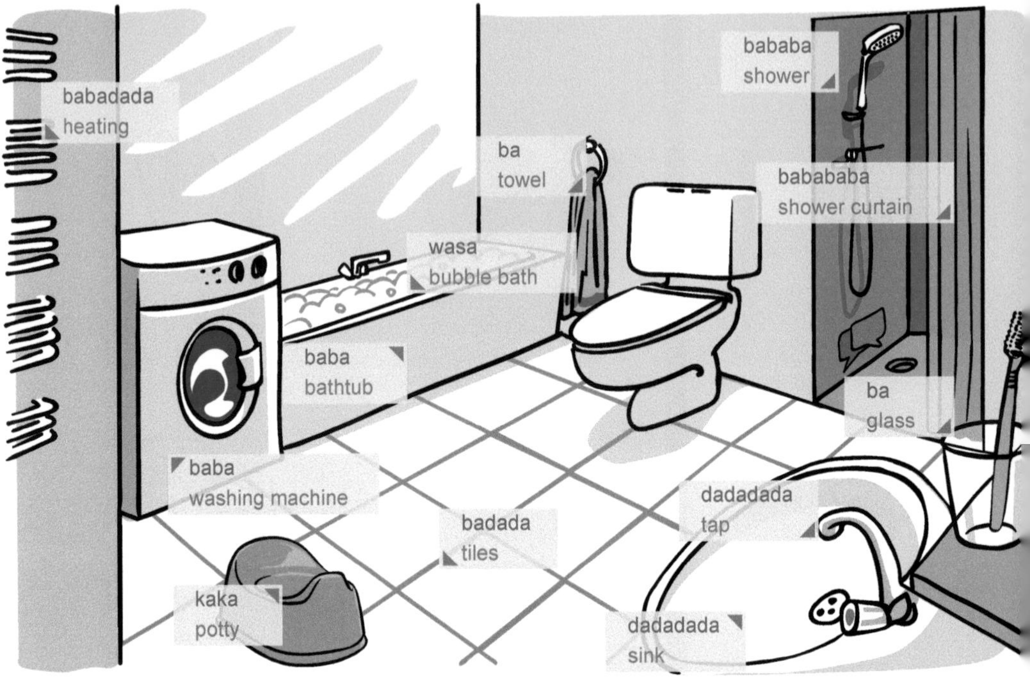

babadada
heating
ba
towel
bababa
shower
babababa
shower curtain
wasa
bubble bath
baba
bathtub
ba
glass
baba
washing machine
badada
tiles
dadadada
tap
kaka
potty
dadadada
sink

kaka

toilet

ba

squat toilet

dadababa

bidet

dadababa

urinal

kaka

toilet paper

bababa

toilet brush

bababa

toothbrush

nom! nom!

toothpaste

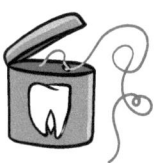

dadadada

dental floss

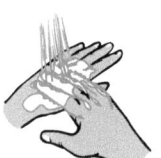

bababa

wash

babababa

handheld shower

dadadada

douche

badada

basin

dadadada

back brush

nom! nom!

soap

nom! nom!

shower gel

nom! nom!

shampoo

babadada

flannel

dadaba

drain

nom! nom!

cream

babababa

deodorant

dadadada

mirror

dadadada

hand mirror

ba

razor

nom! nom!

shaving foam

nam! nam!

aftershave

dadababa

comb

baba

brush

dadadada

hair dryer

badada

hairspray

dadaba

makeup

mama!

lipstick

ba

nail varnish

bababa

cotton wool

dadadada

nail scissors

bababa

perfume

dadadada
....

washbag

bababa
....

stool

dadadada
....

weighing scale

ba
....

bathrobe

babababa
....

rubber gloves

ba
....

tampon

bababa
....

sanitary towel

baba
....

chemical toilet

meina
child's room

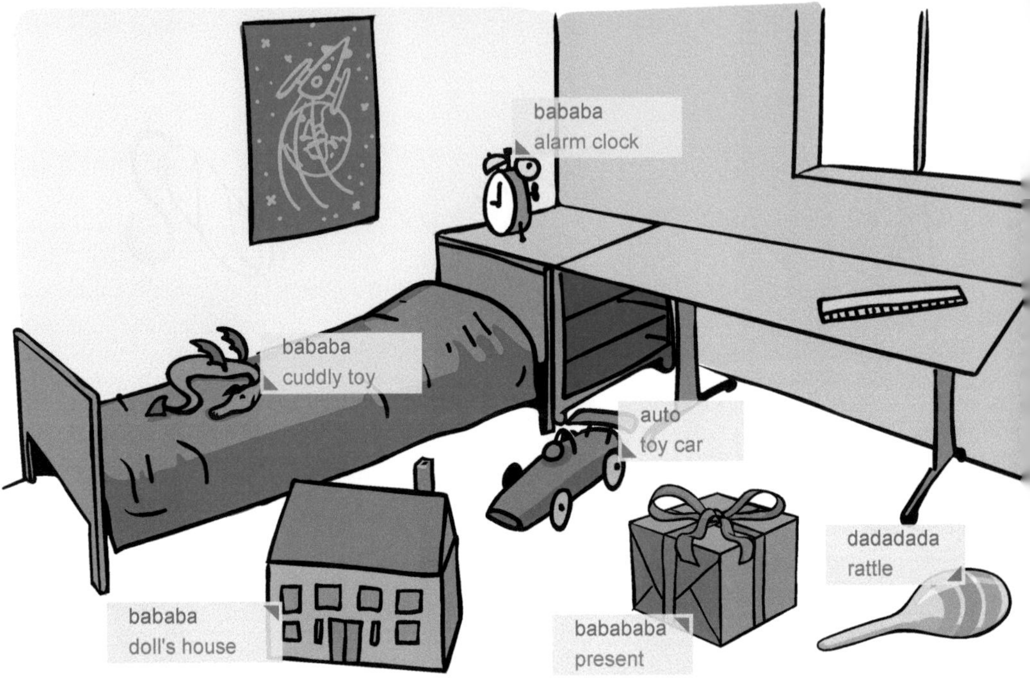
bababa
alarm clock
bababa
cuddly toy
auto
toy car
dadadada
rattle
bababa
doll's house
babababa
present

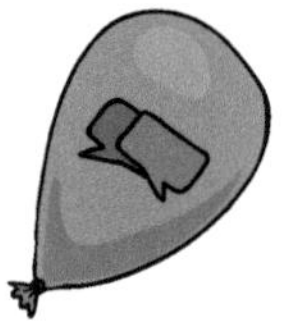

dadadada

balloon

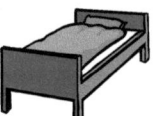

heia!

bed

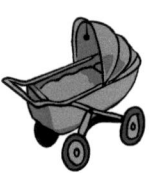

dadaba

pram

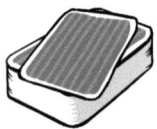

dadababa

deck of cards

bababa

jigsaw

SUPER
MEGA

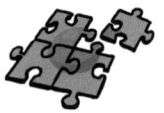

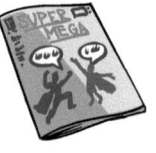

dadababa

comic

badada

lego bricks

badada

building blocks

dada

action figure

dadadada

babygrow

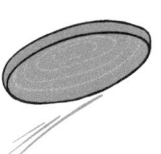

dadaba

frisbee

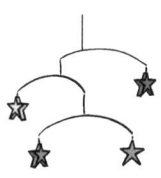

dadaba

mobile

ba

board game

baba

dice

dadababa

model train set

lula

dummy

baba

party

dadaba

picture book

dada

ball

dada

doll

badada

play

dadaba

sandpit

babababa

swing

dadababa

toys

dadaba

video game console

babadada

tricycle

dadababa

teddy bear

dadaba

wardrobe

baba

clothing

dadadada

socks

ba

stockings

dada

tights

bababa
scarf

bababa
umbrella

badada
t-shirt

dadababa
belt

baba
boots

baba
slippers

ba
trainers

bababa

sandals

badada

shoes

dada

rubber boots

ba

underpants

baba

bra

dadadada

vest

baba - clothing

badada

body

ba

trousers

bababa

jeans

dada

skirt

bababa

blouse

dadadada

shirt

baba

pullover

baba

hoodie

babadada

blazer

baba

jacket

bababa

coat

dadababa

raincoat

bababa

costume

ba

dress

dadaba

wedding dress

dadadada

suit

babababa

nightgown

heia

pyjamas

baba

sari

dadadada

headscarf

dada

turban

dada

burqa

baba

kaftan

dadadada

abaya

wasa

swimsuit

bababa

trunks

dadababa

shorts

babababa

tracksuit

baba

apron

babababa

gloves

dadaba

button

babadada

glasses

dada

bracelet

dadababa

necklace

bababa

ring

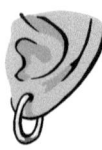

dadababa

earring

dada

cap

babadada

coat hanger

dadababa

hat

bababa

tie

badada

zip

dadaba

helmet

dada

braces

babadada

school uniform

bababababa

uniform

namnam
bib

lula
dummy

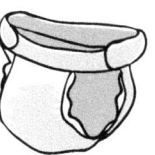

kaka!
nappy

baba
office

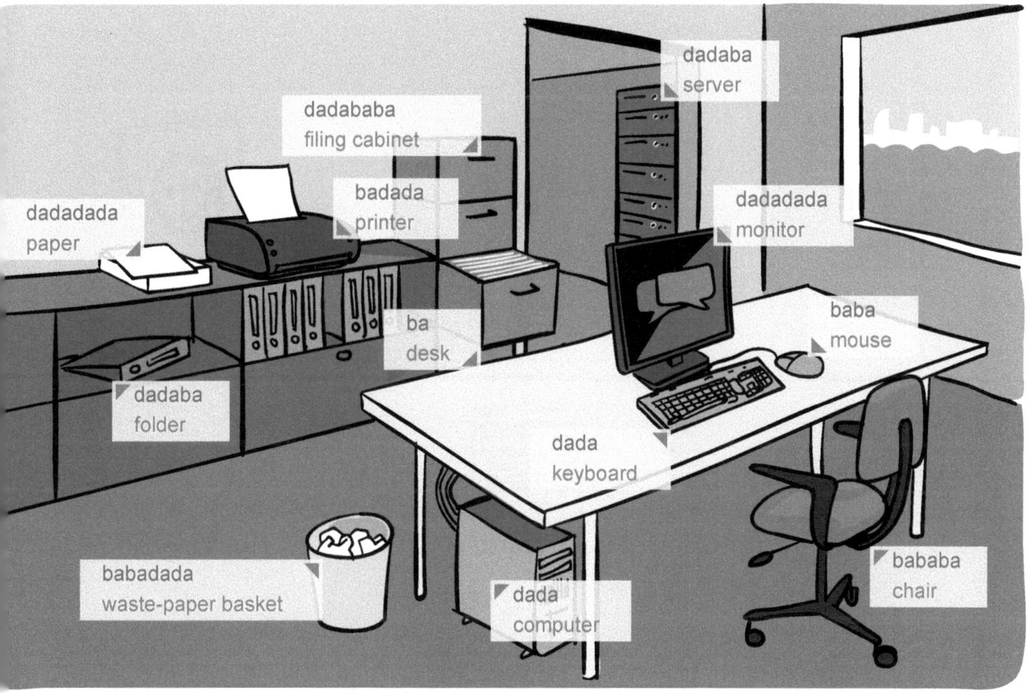

dadaba
server

dadababa
filing cabinet

dadadada
paper

badada
printer

dadadada
monitor

ba
desk

baba
mouse

dadaba
folder

dada
keyboard

babadada
waste-paper basket

dada
computer

bababa
chair

dada
coffee mug

bababa
calculator

da da
internet

papa!

laptop

dadababa

letter

ba

message

fon

mobile

bababa

network

ba

photocopier

bababa

software

dada bing

telephone

aua!

plug socket

bababa

fax machine

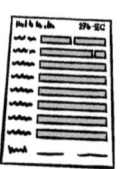

dadaba

form

bababa

document

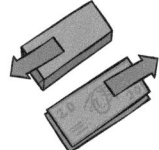

baba

buy

dadadada

pay

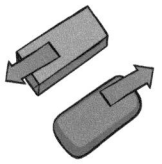

dadaba

trade

badada

money

babadada

dollar

dadaba

euro

bababa

yen

ba

rouble

dada

Swiss franc

dada

renminbi yuan

ba

rupee

ba

cashpoint

dadadada

bureau de change

dadadada

gold

baba

silver

dadadada

oil

ba

energy

dadadada

price

baba

contract

bababa

tax

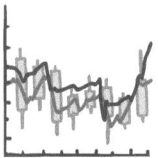

dadadada

stock

dadaba

work

dadadada

employee

dadababa

employer

dadaba

factory

ba

shop

baba
police officer

dada
fireman

bababab
cook

aua!
doctor

bababa
pilot

bababa

gardener

bababa

carpenter

baba

seamstress

bababa

judge

dadaba

chemist

dadababa

actor

ba

bus driver

auto mann

taxi driver

bababa

fisherman

dadadada

cleaning lady

dadadada

roofer

dadadada

waiter

badada

hunter

dadadada

painter

dadababa

baker

papa!

electrician

babababa

builder

bababa

engineer

dadababa

butcher

dadadada

plumber

bababa

postman

dadadada

soldier

ba

architect

dadaba

cashier

bababa

florist

babadada

hairdresser

bababa

conductor

dadaba

mechanic

dada

captain

badada

dentist

ba

scientist

bababa

rabbi

dadaba

imam

dada

monk

dadadada

clergyman

dada
tools

baba
hammer
baba
pliers
babababa
screwdriver
dadababa
spanner
dadaba
torch

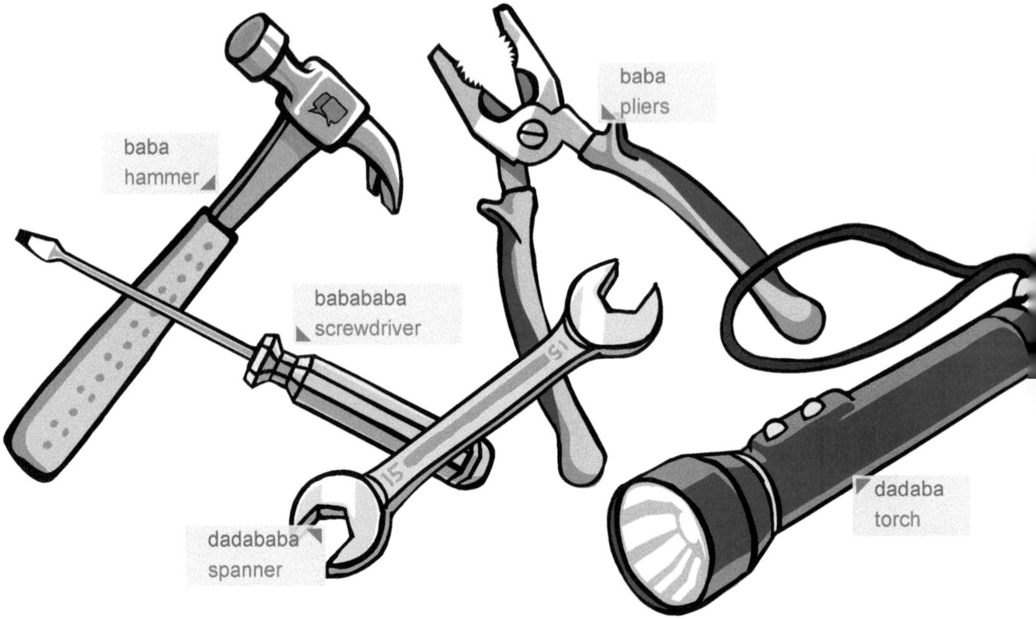

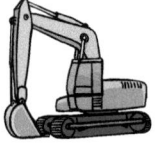

dadaba

digger

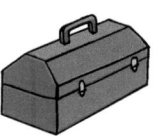

baba

toolbox

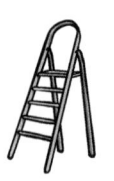

babababa

ladder

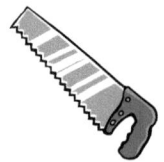

dadaba

saw

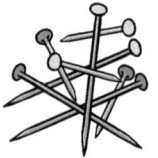

babadada

nails

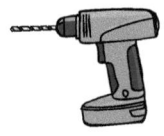

dada

drill

dadababa
....
repair

dada
....
shovel

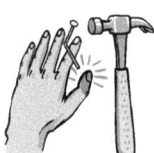

aua!
....
Damn!

dada
....
dustpan

dadaba
....
paint pot

babababa
....
screws

bababa
musical instruments

bungas
drum kit

boom boom
loudspeaker

ba
guitar

dadababa
double bass

bombede
trumpet

bingbing

piano

bababa

violin

ba

bass

badada

timpani

bunga bunga

drums

badada

keyboard

dadababa

saxophone

dadababa

flute

dadadada

microphone

bababa - musical instruments

bababa

zoo

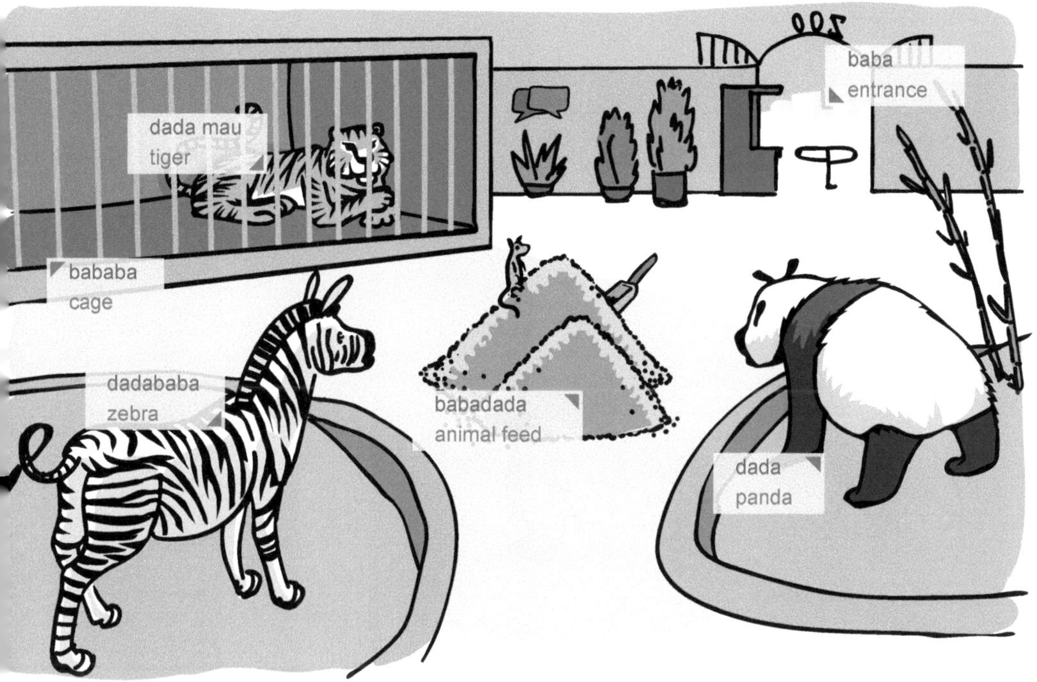

zoo
baba
entrance
dada mau
tiger
bababa
cage
dadababa
zebra
babadada
animal feed
dada
panda

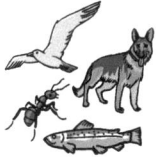

dadadada
animals

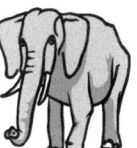

bababa
elephant

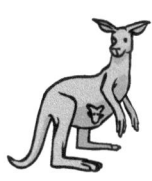

dadaba
kangaroo

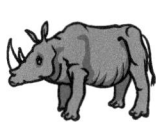

babadada
rhino

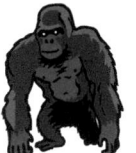

dada
gorilla

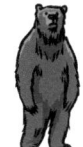

babababa
bear

dadaba

camel

gackgack

ostrich

babadada

lion

dadaba

monkey

gackgack

flamingo

bababa

parrot

bababa

polar bear

dada

penguin

bababa

shark

dadaba

peacock

badada

snake

babababa

crocodile

dadadada

zookeeper

dada

seal

bababa

jaguar

ei!

pony

dadadada

leopard

dada

hippo

babababa

giraffe

bababa

eagle

babadada

boar

nom nom!

fish

dadadada

turtle

anje

walrus

dadadada

fox

bababa

gazelle

dadababa
American football

dadaba
cycling

bum bum
tennis

ball
basketball

badada
swimming

aua!
boxing

baba
ice hockey

dadadada
football

badada
badminton

dadababa
athletics

ball
handball

dadadada
skiing

baba
polo

dadadada
activities

baba
laugh
dada
jump
bababa
hug
dada
walk
dadababa
sing
dadababa
dream
dadadada
pray
mama!
kiss

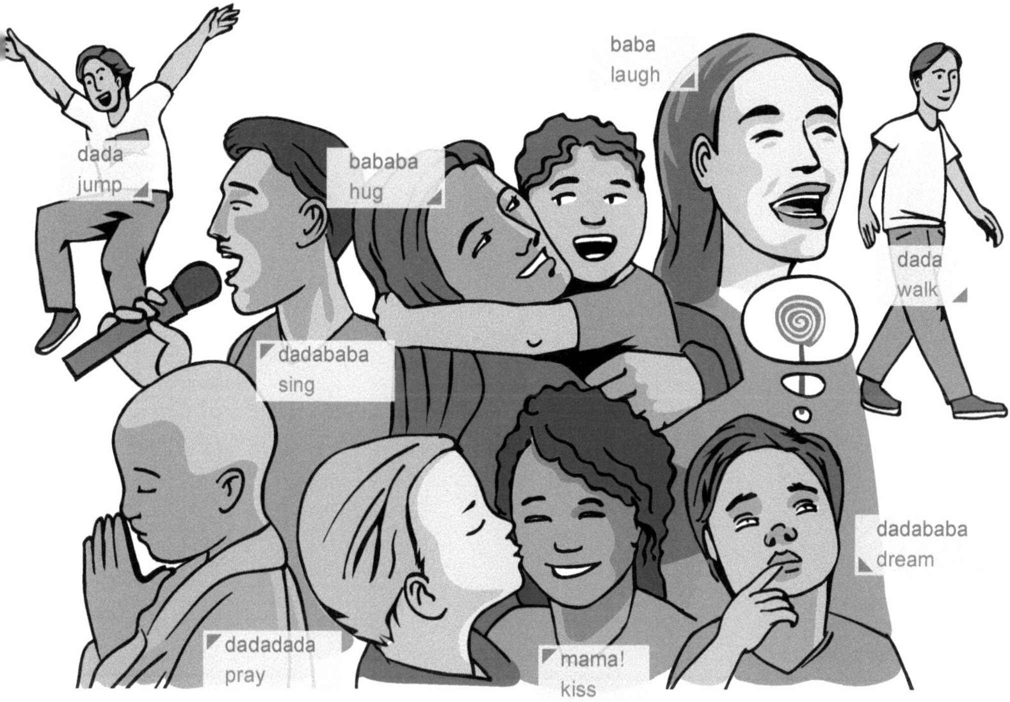

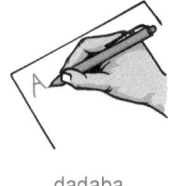

dadaba
write

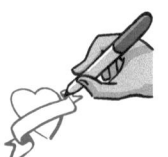

dada
draw

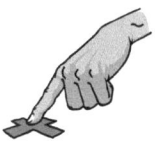

dadababa
show

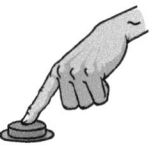

dada
push

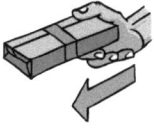

badada
give

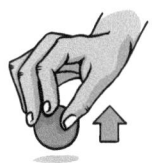

dadaba
take

dadaba

have

dadadada

do

babadada

be

dadadada

stand

baba

run

dadababa

pull

dadadada

throw

dadaba

fall

badada

lie

dadaba

wait

bababa

carry

ba

sit

dadababa

get dressed

heia!

sleep

bababa

wake up

babababa

look at

baaaaaa

cry

dadadada

stroke

bababa

comb

bababa

talk

baba

understand

badada

ask

dadababa

listen

bababa

drink

nomnom!

eat

badada

tidy up

ba

love

badada

cook

dadababa

drive

dadadada

fly

dadababa

sail

dadababa

calculate

dadadada

read

dadababa

learn

dadaba

work

baba

marry

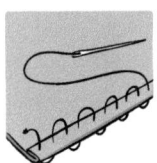

dada

sew

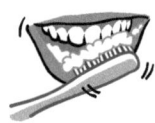

aua!

brush teeth

aua!

kill

dadababa

smoke

bababababa

send

oma!
grandmother

opa!
grandfather

papa!
father

mama!
mother

bebi
baby

ba
daughter

badada
son

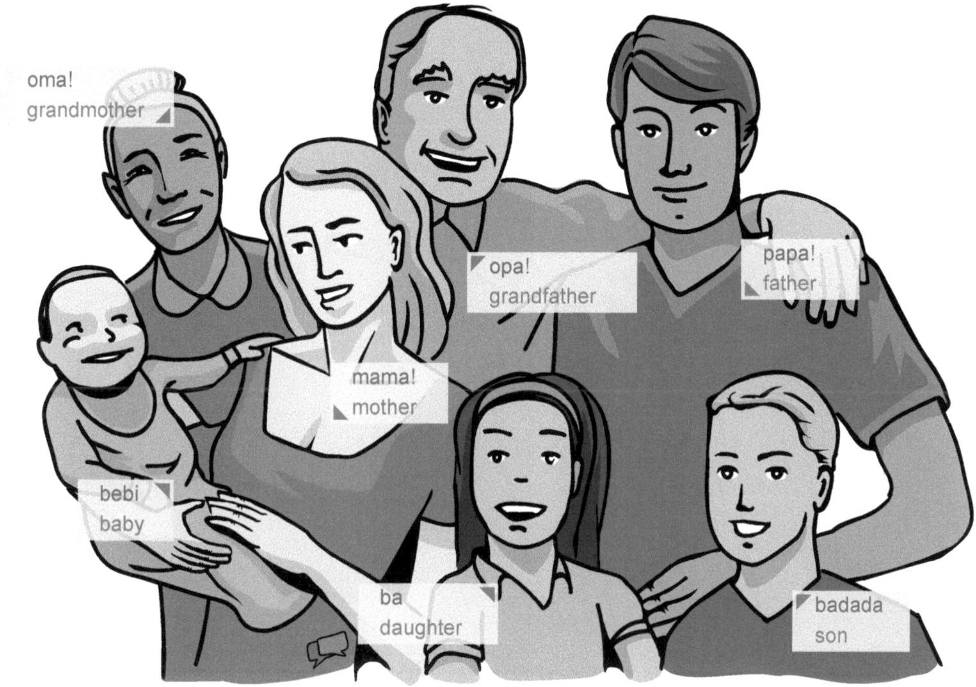

baba

guest

ba

aunt

bababa

uncle

nein!

brother

nein!

sister

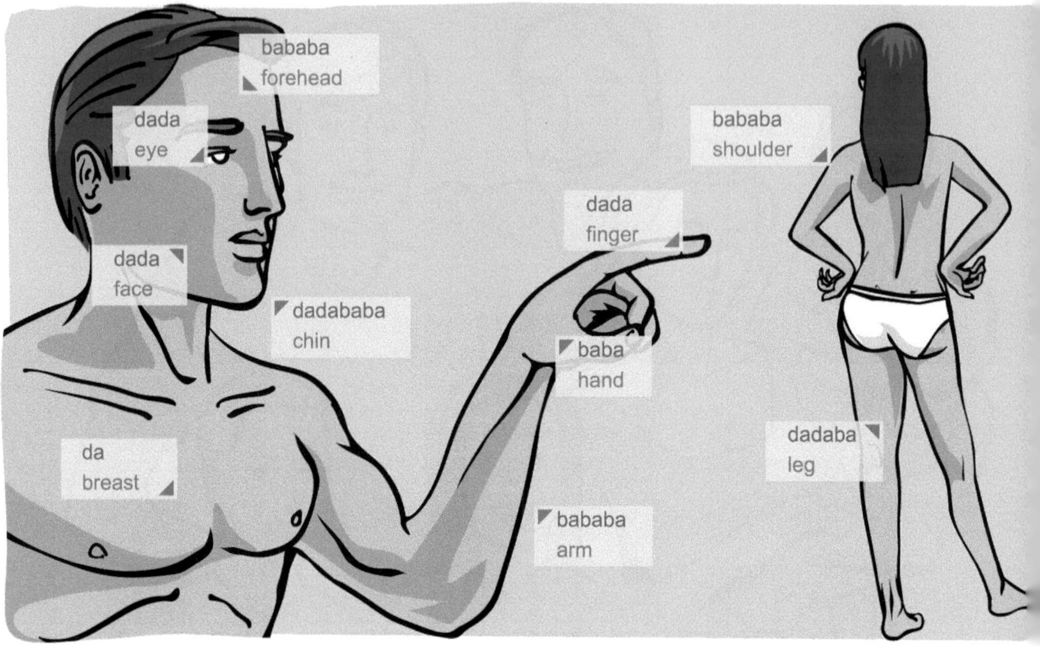

bababa
forehead

dada
eye

bababa
shoulder

dada
finger

dada
face

dadababa
chin

baba
hand

dadaba
leg

da
breast

bababa
arm

bebi

baby

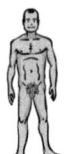

papa!

man

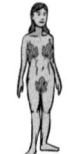

mama

woman

baba

girl

babadada

boy

bababa

head

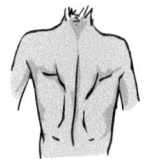

baba

back

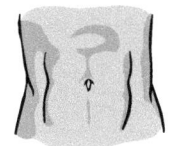

dadababa

belly

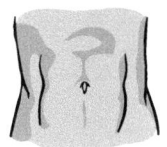

dada

belly button

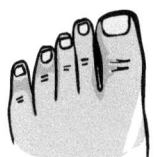

dadababa

toe

ba

heel

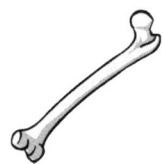

badada

bone

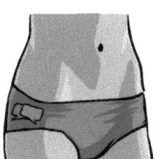

bababa

hip

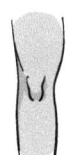

dada

knee

dadadada

elbow

bababa

nose

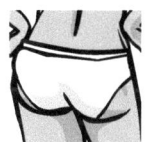

popo

bottom

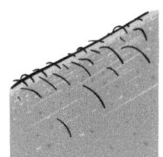

dadaba

skin

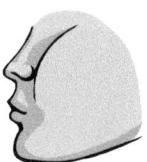

badada

cheek

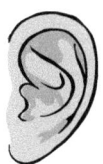

dada

ear

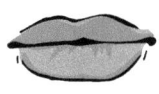

babababa

lip

dadababa

mouth

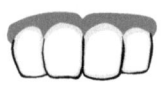

dadadada

tooth

baba

tongue

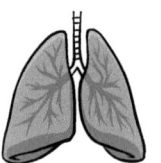

dadadada

brain

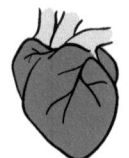

baba

heart

dada

muscle

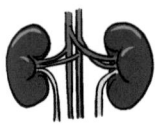

dada

lung

dada

liver

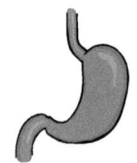

dadababa

stomach

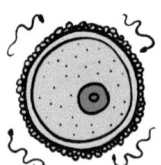

dadaba

kidneys

babadada

sex

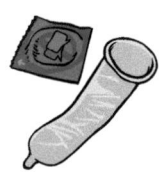

dada

condom

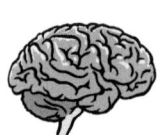

badada

ovum

dadababa

semen

dadababa

pregnancy

dadababa - body

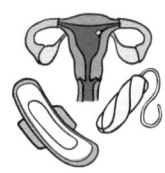

ba

menstruation

mumu

vagina

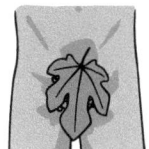

pipi

penis

dada

eyebrow

dadababa

hair

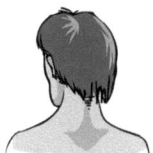

bababa

neck

aua!
hospital

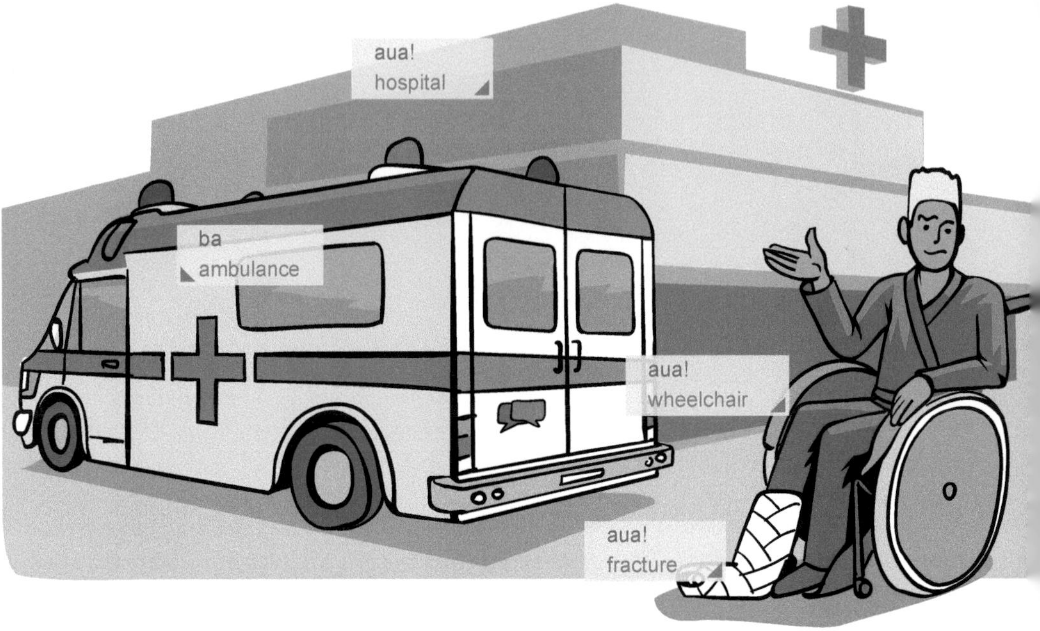

ba
ambulance

aua!
wheelchair

aua!
fracture

aua!

doctor

aua!

emergency room

aua!

nurse

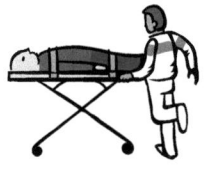

aua!

emergency

aua!

unconscious

dadababa

pain

aua! - hospital

aua!

injury

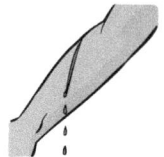

dadadada

bleeding

aua!

heart attack

aua!

stroke

dadababa

allergy

aua!

cough

aua!

fever

aua!

flu

aua!

diarrhoea

aua!

headache

aua!

cancer

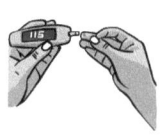

aua!

diabetes

aua!

surgeon

aua!

scalpel

aua!

operation

aua!
CT

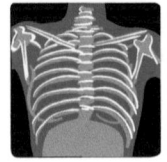

aua!
x-ray

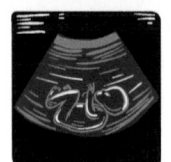

aua!
ultrasound

aua!
face mask

aua!
disease

aua!
waiting room

aua!
crutch

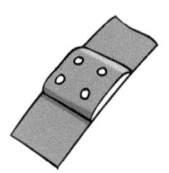

aua!
plaster

dadababa
bandage

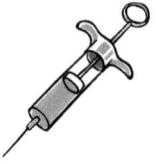

aua!
injection

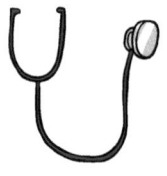

aua!
stethoscope

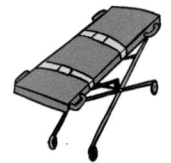

aua!
stretcher

aua!
clinical thermometer

aua! bebi!
birth

aua!
overweight

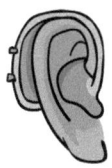

aua!

hearing aid

aua!

disinfectant

aua!

infection

aua!

virus

aua!

HIV / AIDS

aua!

medicine

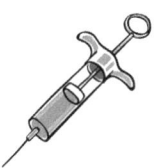

aua!

vaccination

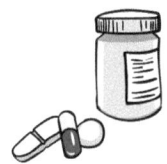

aua!

tablets

dadaba

pill

aua!

emergency call

aua!

blood pressure monitor

da / ba

ill / healthy

aua!

Help!

aua!

alarm

aua!

assault

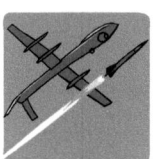

aua!

attack

aua!

danger

dadadada

emergency exit

dadaba

Fire!

dadaba

fire extinguisher

aua! aua!

accident

aua!

first-aid kit

baba

SOS

dadadada

police

badada

Europe

dadaba

North America

dadababa

South America

dadaba

Africa

dadaba

Asia

babababa

Australia

badada

Atlantic

dadaba

Pacific

baba

Indian Ocean

bababa

Antarctic Ocean

dadababa

Arctic Ocean

bababa

North Pole

dadababa

South Pole

dadaba

Antarctica

dada

Earth

dadaba

land

badada

sea

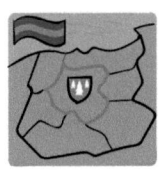

dadadada

island

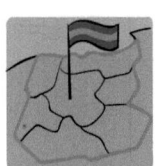

dadadada

nation

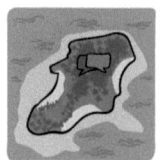

dadababa

state

baba

clock face

babadada

hour hand

baba

minute hand

bababa

second hand

dadababa

What time is it?

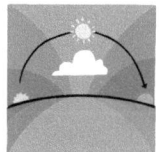

babadada

day

dada

time

baba

now

dadababa

digital watch

dadababa

minute

bababa

hour

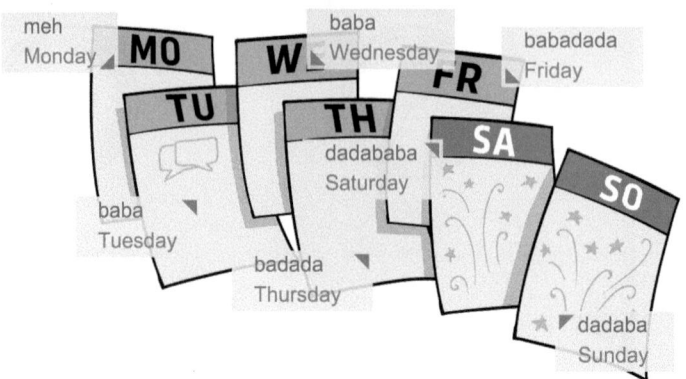

meh
Monday

baba
Wednesday

babadada
Friday

baba
Tuesday

dadababa
Saturday

badada
Thursday

dadaba
Sunday

dadadada

yesterday

dadababa

today

dadaba

tomorrow

baba

morning

baba

noon

dadadada

evening

dada

business days

baba

weekend

dadababa
rain

dadaba
rainbow

kalt
snow

dadadada
wind

dadadada
spring

bababa
autumn

badada
summer

kalt
winter

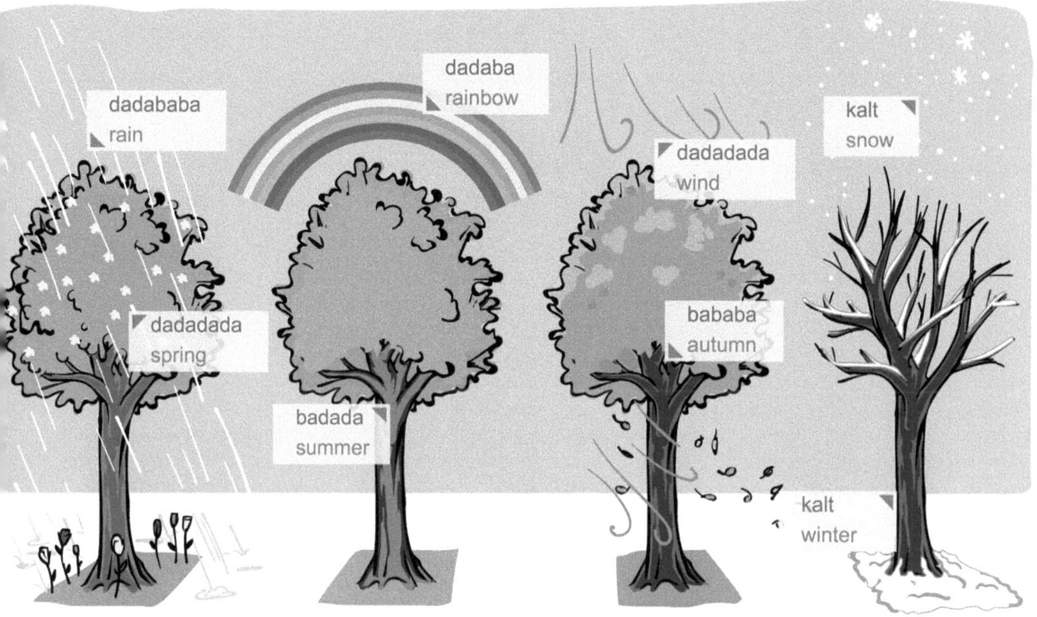

dadababa

weather forecast

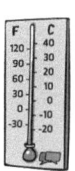

bababa

thermometer

ba

sunshine

baba

cloud

dadadada

fog

dada

humidity

dadababa

lightning

dada

thunder

badada

storm

dadababa

hail

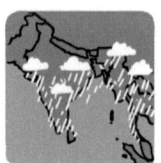

bababa

monsoon

dadaba

flood

dadadada

ice

dadaba

January

dadaba

February

bababa

March

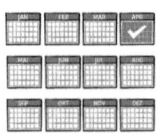

dadadada

April

dadadada

May

babababa

June

baba

July

bababa

August

dadadada
....
September

badada
....
October

dadababa
....
November

baba
....
December

shapes

baba
....
circle

badada
....
square

dadababa
....
rectangle

babababa
....
triangle

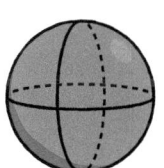

dadadada
....
sphere

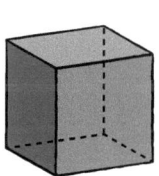

babababa
....
cube

dadababa

white

babababa

yellow

baba

orange

dadadada

pink

babadada

red

dadababa

purple

dadadada

blue

ba

green

baba

brown

bababa

grey

badada

black

da / ba

a lot / a little

da / ba

angry / calm

da / ba

beautiful / ugly

da / ba

beginning / end

da / ba

big / small

da / ba

bright / dark

da / ba

brother / sister

da / ba

clean / dirty

da / bada

complete / incomplete

da / ba

day / night

da / ba

dead / alive

da / ba

wide / narrow

da / ba

edible / inedible

da / ba

evil / kind

ba / ba

excited / bored

da / ba

fat / thin

ba / ba

first / last

da / bada

friend / enemy

da / ba

full / empty

da / ba

hard / soft

da / ba

heavy / light

da / bada

hunger / thirst

da / ba

ill / healthy

da / ba

illegal / legal

da / ba

intelligent / stupid

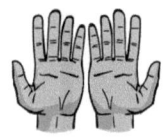

ba / ba

left / right

da / ba

near / far

da / bada

new / used

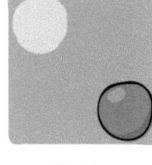

da / ba

nothing / something

ba / ba

old / young

da / ba

on / off

da / ba

open / closed

da / ba

quiet / loud

ba / ba

rich / poor

da / ba

right / wrong

da / ba

rough / smooth

ba / ba

sad / happy

da / ba

short / long

da / ba

slow / fast

da / bada

wet / dry

da / bada

warm / cool

da / ba

war / peace

dadaba

numbers

0	**1**	**2**
dada	a	ba
zero	one	two

3	**4**	**5**
da ba da	badabada	dadababa
three	four	five

6	**7**	**8**
dadaba	badada	dadababa
six	seven	eight

9	**10**	**11**
dadaba	dadadada	badada
nine	ten	eleven

12

baba

twelve

13

bababa

thirteen

14

baba

fourteen

15

babadada

fifteen

16

dadababa

sixteen

17

babababa

seventeen

18

dadababa

eighteen

19

bababa

nineteen

20

dadababa

twenty

100

baba

hundred

1.000

baba

thousand

1.000.000

dadababa

million

languages

baba

English

babadada

American English

dadababa

Chinese Mandarin

ba

Hindi

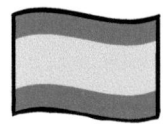

badada

Spanish

ohlala

French

babadada

Arabic

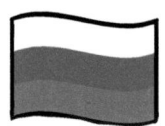

dadaba

Russian

dada

Portuguese

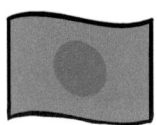

dadadada

Bengali

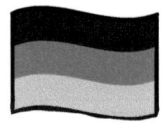

badada

German

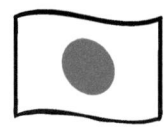

dadadada

Japanese

a
I

dadadada
you

da / da / da
he / she / it

o ba ma
we

babababa
you

baba
they

dadadada
who?

dadadada
what?

baba
how?

babababa
where?

babadada
when?

dadaba
name

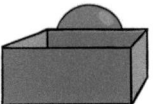

baba

behind

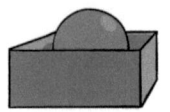

dadaba

in

baba

in front of

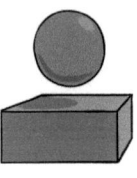

ba

over

baba

on

dadababa

under

babababa

beside

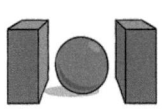

ba

between

dada

place